LOUIS DUVAL

Ancien Archiviste Départemental de la Creuse et de l'Orne

CONTRIBUTION

A l'Histoire littéraire de la Marche

A PROPOS DE LA PREMIÈRE ÉDITION

Des Coutumes de cette Province et de leur Commentaire

Par Nicolas CALLET

GUÉRET

IMPRIMERIE RÉGIONALE, 6, Boulevard Carnot

1913

LOUIS DUVAL

Ancien Archiviste Départemental de la Creuse et de l'Orne

CONTRIBUTION
A l'Histoire littéraire de la Marche

A PROPOS DE LA PREMIÈRE ÉDITION

Des Coutumes de cette Province et de leur Commentaire

Par Nicolas CALLET

GUÉRET

IMPRIMERIE RÉGIONALE, 6, Boulevard Carnot

1913

Contribution à l'Histoire littéraire de la Marche

A PROPOS DE LA PREMIÈRE ÉDITION

Des Coutumes de cette Province et de leur Commentaire

Par Nicolas CALLET

I

Notre confrère Auguste Bosvieux, dans le mémoire qu'il présenta au Congrès archéologique de Guéret en 1865, sous ce titre : *Mouvement littéraire dans la Creuse. Bibliothèque creusoise*, a consacré aux Coutumes de la Marche un important article (Section d'histoire, D), dans lequel il s'exprime ainsi, au sujet de la première édition de ces Coutumes :

« La première édition de la Coutume de la Marche, *dont nous ne connaissons aucun exemplaire*, fut imprimée en caractères gothiques, à Paris, par Regnaud Chaudière, environ cinq ans après la rédaction et publication de la Coutume, c'est-à-dire vers 1526. (Couturier de Fournoue : *Coutumes de la Marche*, p. VII). »

Je n'ai pas été plus heureux que notre savant et regretté confrère dans la recherche de l'édition signalée par Couturier de Fournoue, comme imprimée par Regnauld Chaudière, mais, grâce à l'extrême obligeance de M. Paul Marais, conservateur adjoint à la Bibliothèque Mazarine, il m'a été facile d'identifier complètement cet imprimeur, à la famille duquel M. Ph. Renouard a consacré une notice complète dans son grand ouvrage sur les imprimeurs parisiens.

Regnauld Chaudière fut libraire à Paris, rue Saint-Jacques, à l'enseigne de l'*Homme Saulvaige*, à partir de 1514. En 1539, Simon de Colines lui céda sa librairie et il alla alors habiter la rue Saint-Jean-de-Beauvais, au *Soleil d'Or*. Il signait alors les livres dont il était éditeur : « In ædibus Simonis Colinæi, sub Sole aureo, è regione Gymnasii Bellovacensis. » C'est seulement après la mort de Simon de Colines, en 1546, qu'il fut imprimeur, jusqu'en 1551, comme succédant à ce dernier, en société avec Claude Chaudière, son fils.

Il résulte de là que Regnauld Chaudière n'a pu, cinq ans après la publication des Coutumes de la Marche, c'est-à-dire vers 1526 ou 1527, imprimer l'ouvrage en question, puisque c'est seulement à partir de 1546 qu'il fut autorisé à exercer la profession d'imprimeur. Il est très possible, au contraire, qu'il ait fait mettre son nom et sa marque, en qualité de libraire, pour la vente des exemplaires qu'il avait en magasin, rue Saint-Jacques.

La Bibliothèque nationale me réservait une autre découverte, celle d'un exemplaire de cette édition, provenant de la Bibliothèque du célèbre jurisconsulte Julien Brodeau, dont Boileau a dit, dans sa satire I :

> Dois-je, las d'Apollon, recourir à Bartole
> Et feuilletant Louet, allongé par Brodeau (1),
> D'une robe à longs plis balayer le barreau ?

La signature de Brodeau : *Brodeau, 26 septembre 1639*, figure, en effet, sur la feuille de garde de cet exemplaire, conservé dans la réserve de la Bibliothèque nationale : F. 869. Ce volume a pour titre : *Les Coustumes et statuts particuliers de la plus part des bailliages, seneschaucées et prevostez royaulx du royaume.* — On les vend à Paris, en la rue Saint-Jacques, par Jehan Petit, libraire juré en la dicte Université, à l'enseigne de la Fleur de Lys d'Or. — Petit in-folio.

Or, il s'y trouve une note ainsi conçue :

« Cy fine la table des Coustumes de Bourbonnays. S'ensuyt les Coustumes générales du hault pays du Comté de la Mar-

---

(1) Le *Recueil d'arrêts de Louet*, parut en 1602. — Brodeau, mort en 1658, a publié des *Notes sur les Arrêts de Louet* qui ont eu plusieurs éditions, dont la dernière est de 1712, mais ses plus beaux titres à notre souvenir sont ses *Commentaires sur la coutume de Paris* (1656) et sa *Vie de Charles du Moulin* (1654), auteur du *Coustumier général du haut pays et comté de la Marche*. Moulins, Jacques Vernon, 1618, in-8°.

che, avec le Procès-verbal publiées, et sont entre les Coustumes du Bourbonnays et ceulx de Bloys. Ils sont icy et n'y a nulz fueillets et y a telle signature a a I... »

Au folio CCCCLXXVIII, on lit : « Fin des Coustumes et Procès-verbal du pays et duché de Bourbonnays, et immédiatement à la suite se trouve un cahier dont les folios sont aa I, aa II, aa III, bb.I, bb II, bb III, bb IIII, cc I, cc II, cc III, cc IIII, dd I, dd II, dd III, dd IIII, dd V, dd VI. Les six derniers folios correspondants ne sont pas cotés.

Ce cahier, qui nous paraît avoir été intercalé après coup, est ainsi intitulé :

« Les Coustumes générales du hault pays et conté de la Marche, avec le Procès-verbal, publiées et accordées. »

En tête du texte, on lit : « Coustumes vénérables du hault pays du Conté de la Marche, publiées et accordées par nous Roger Barme, président, et Nicole Brachet, coseilliers du Roy nostre sire, en sa Court de Parlement. »

Ce cahier contient un Explicit particulier ainsi libellé : « Cy finissent les grandes Coustumes généralles du hault pays du Conté de la Marche, avec le procès-verbal... nouvellement imprimées. » C'est la preuve évidente que ce cahier a été intercalé dans le volume après coup.

L'Explicit placé à la fin du volume nous donne la date de son impression : « Fin des Coustumes des bailliages et seneschaucées du royaume de France... Et furent achevées d'imprimer le huitième jour de décembre mil cinq cents XXVII, par Jehan Petit, marchant libraire juré en l'Université de Paris, demeurant en la grant rue Sainct-Jacques, à l'enseigne de la Fleur de Lys d'or. »

A la fin du volume, de même qu'au verso du titre, on remarque une gravure sur bois. Elle représente le roi assis sur son trône, sceptre en main, entouré de son conseil, remettant le livre des Coutumes à un clerc agenouillé devant lui.

Il nous paraît hors de doute que l'exemplaire des Coutumes de France, dont on vient de lire la description, contient bien la première édition des *Coustumes généralles du hault pays du Conté de la Marche.* La date paraît, en effet, concorder avec celle assignée par Couturier de Fournoue à l'exemplaire dont il s'est servi, puisqu'il déclare qu'il avait été imprimé environ cinq ans après la rédaction et publication de la Coutume de la Marche. La seule différence, c'est que, d'après Couturier de Fournoue, l'édition dont il parle dut porter le nom de Regnauld Chaudière, tandis que sur le titre et dans l'Explicit de l'exemplaire ayant appartenu à Brodeau, on ne voit figurer que le nom de Jehan Petit, marchand libraire, juré en l'Université de Paris. La marque de Jehan Petit figure sur le titre d'un nombre considérable de livres imprimés à Paris depuis 1492. Depuis cette époque, il habita toujours la rue Saint-Jacques et adopta la même marque, la Fleur de lys d'or (1). On cite des livres à sa marque imprimés par Denis Roce (2), depuis 1493 jusqu'au commenment du xvie siècle. L'identité de l'édition signalée par Couturier de Fournoue avec celle de l'exemplaire possédé par Brodeau s'explique par le fait que, dans la première, Regnauld Chaudière a pu faire figurer son nom comme libraire, et que dans l'autre Jehan Petit a mis sa signature et sa marque comme imprimeur.

II

Les *Commentarii in leges Marchiæ municipales,* par Nicolas Callet ou Caillet, ne soulèvent pas heureusement les mêmes difficultés. Nous savons tous qu'ils furent imprimés à Paris, chez Pierre L'Huilier, rue Saint-Jacques, à l'enseigne de l'Olivier, en 1573, avec cette devise : *Oliva fructifera in domo Dei.* Ce livre nous est depuis très longtemps familier, et nous en connaissons mieux les entours. L'auteur nous apprend, dans l'épitre préface placée en tête du volume, qu'il

---

(1) *Catalogue des Incunables de la Bibliothèque Mazarine,* par Paul Marais et A. Dufresne de Saint-Léon. Paris, Welter, 1893, p. 357, n° 687.

(2) *Ibid.,* p. 391, n° 747.

avait passé cinq années dans les plus célèbres écoles de l'Italie, pour acquérir une connaissance approfondie du droit civil. On sait, en effet, que le célèbre Alciat, après avoir donné des leçons à l'école de droit d'Avignon, puis à celle de Bourges, retourna en Italie où ses cours attirèrent un grand nombre d'étudiants de toutes les nations. Ceux de la Marche suivaient souvent les cours de l'Université de Bourges. C'est là peut-être que Nicolas Callet avait débuté. Les Marchois, d'ailleurs, ne craignaient pas de franchir la frontière du côté des Alpes, soit pour s'instruire, soit dans l'intérêt de leurs affaires. C'est ainsi que des négociants d'Aubusson, en allant à Genève pour leur commerce, en rapportèrent dans la Marche le levain de la Réforme.

Nicolas Callet, de retour dans sa ville natale, s'aperçut bientôt que, pour l'exercice de la profession d'avocat, la connaissance approfondie du droit romain n'était pas suffisante, et qu'il fallait y joindre celle du droit coutumier. « Je me mis alors avec acharnement, dit-il, à l'étude de notre Coutume locale, à en collationner les textes qui me parurent renfermer des fautes grossières qui les rendaient même inintelligibles. Je m'efforçai de faire disparaître ces taches et de préparer un Commentaire ou plutôt des scholies destinées à l'éclaircir, non pas avec l'intention de rien mettre au jour, car je n'ignorais pas que cette entreprise était incertaine et périlleuse, mais pour mon usage personnel et ma propre satisfaction. Les instances de mon ancien ami, Gabriel Moreau (1), avocat, finirent par me déterminer à mettre au net ce travail pour le soumettre au public. »

----

(1) L'ancienneté de cette famille nous est attestée par de nombreux documents. En 1545, Jean Moreau l'aîné eut l'honneur de rendre hommage au comte de la Marche au nom des habitants d'Ahun, dit M. Mazet. En 1598, Jean Moreau donna un récépissé à Jean Rougier, procureur, et à Pierre Rougier, marchand à Guéret (Archives de la Creuse, E 936). — En 1614, Léonard Mérigot, Sr de Chantemilan, lieutenant général au pays de la Marche, donna une augmentation de dot à Gilberte Mérigot, sa fille, mariée à Jean Moreau, receveur des domaines du roi pour les châtellenies

Il resterait à déterminer les limites dans lesquelles Callet a pu se renfermer dans l'usage du latitudinarisme ou, si l'on veut, dans l'interprétation et la correction du texte authentique de la Coutume de la Marche. Pour cela, il faudrait entreprendre une collation attentive du texte imprimé par ses soins avec celui qui sortit des presses de Jehan Petit en 1527. Je crois avoir reconnu que ces limites sont beaucoup plus étendue qu'on ne serait tenté de le supposer et qu'il ne s'est pas borné au rôle de simple commentateur ou de scholiaste, comme il le dit. L'ordre des articles est même sensiblement différent dans les deux éditions. Couturier de Fournoue lui-même en a fait la remarque. Charles du Moulin paraît s'être préoccupé de la collation des différents textes, comme il l'a marqué dans sa note marginale qui accompagne l'édition qu'il donna des *Coutumes générales du haut pays du Comté de la Marche*, en 1618, réimprimée en 1633, par Gabriel Michel, Angevin. Dans cette édition, l'article 220, de Callet, correspond à l'article 222 de Du Moulin. Mais le texte de 1527 contient, en plus, une addition restrictive relative aux donations faites par testament aux enfants bâtards et adultérins : « Pourvou que les dicts bastards ne soient advoustres, ou au trement nez *ex damnato coitu*, car tels advoustres ou ainsi nez, ne succèdent. »

On comprend l'importance de l'addition supprimée dans les textes adoptés par Callet et par du Moulin, et il nous semble que la question pourrait fournir un sujet de thèse aux étudiants qui aspirent à la licence ou au doctorat en droit.

---

d'Ahun, Chénérailles et Jarnages (E 637). Son frère, Léonard Moreau, était conseiller au Présidial (E. 937). — En 1618, Joachim Moreau était consul d'Ahun (*Bulletin* 2, T. VII). — En 1630, noble Pierre Moreau, sieur du Riz et de la Font-Saint-Martin, était conseiller au Présidial de Guéret (E. 692). A la même époque vivait Etienne Moreau, fils de Joachim Moreau, qui épousa en 1653 Anne Segretain, fille de Jean Segretain, et qui était décédé en 1674, époque où Marguerite, sa fille, épousa Jacques Rondeau, sieur de Las Champs, lieutenant particulier en la châtellenie d'Ahun, avec une dot de 10.000 livres, par acte de constitution du 22 décembre de cette année (E. 928, 929).

Callet, d'ailleurs, pour surveiller l'impression de son livre, fit exprès un séjour plus ou moins long à Paris. C'est, en effet, de cette ville qu'est datée l'épître placée en tête du volume et qui sert de préface. (*Anno domini nonas februarii C I C I C LXXIII, nouveau style*). Il faut ajouter qu'un très haut personnage et particulièrement qualifié pour apprécier le mérite de l'œuvre, voulut bien autoriser l'auteur à le lui dédier, Philippe Hurault, comte de Chiverny, alors conseiller au Grand Conseil et chancelier de Monsieur, frère du Roi, duc d'Anjou, auquel la Marche avait été donnée en apanage en 1572.

Plusieurs des confrères dont Callet avait pu faire la connaissance pendant qu'il suivait les cours des écoles de droit au delà des monts joignirent leurs félicitations à l'approbation du chancelier de Monsieur, plus tard chancelier de France, et auteur de *Mémoires d'Estat*, qui lui font honneur. Callet, d'ailleurs, eut à subir les attaques virulentes d'un critique passionné, car François Aminotus, de la ville de Sion, en Valais, composa exprès, à cette occasion, un Iambe dans lequel, parlant au nom de tous ses amis, il lui donne le sage conseil de ne pas répondre aux critiques d'un ennemi furieux ; il lui montre la vertu indignée frappant d'un fouet vengeur les flancs de celui qui l'outrage, et il lui rappelle le mythe de Marsyas. Dans l'épigramme jointe à l'Iambe, il le loue d'être parvenu, à la fleur de l'âge, à surpasser tous ceux de ses concitoyens qui, en si grand nombre, se livraient avec honneur à l'étude et travaillaient à défricher une terre longtemps inculte, mais prête déjà à se couvrir de moissons. Un autre ami de Nicolas Callet, Jean Gardesius, crut devoir illustrer la seconde page de la préface d'un superbe anagramme : *Nicolaus Callaeus* : Laus inclusa Coelo. « Les neuf sœurs, ajoute-t-il, ont elles-mêmes choisi pour toi un nom en harmonie avec la beauté de ton génie : ΚΑΛΛΑΙΟΝ : ΚΑΛΛΟΙΣ ΑΠΟ. »

La croyance au rapport prétendu entre les caractères et les noms des personnes était alors en grand honneur. Elle s'appuyait sur l'autorité de Platon, de Pythagore. Les lettrés de la Renaissance abusèrent des étymologies grecques et latines pour glorifier ceux qu'ils voulaient élever au-dessus du vulgaire. On s'est d'ailleurs servi du même procédé pour imprimer une flétrissure à des chefs de secte, comme Calvin, Luther, et même à des hommes d'Etat, comme Napoléon dont le nom a donné lieu à toutes sortes de jeux d'esprit (1).

La Gessée, *Mauvesinois*, c'est-à-dire originaire de la petite ville de Mauvesin, autre illustre de ce temps-là, malheureusement très inconnu aujourd'hui, favorisa son ami Callet d'un sonnet qui mérite peut-être de surnager sur le fleuve de l'oubli :

> Je ne m'étonne pas, mon Callet, à te voir
> Si docte et bien versé, de l'heur de ta louange,
> Sur qui la fière mort, ni le temps qui tout change,
> Ni l'envieux malin, n'a le moindre pouvoir.
>
> Je ne m'étonne pas si tu viens émouvoir
> Chacun à si beau los, qui de leurs dents te vange :
> Et m'ébahï non plus qu'aussi l'Itale étrange
> Te soit conüe assés par ses gens de sçavoir.
>
> Dieu, suis-je émerveillé qu'en la fleur de ton âge
> Tu gaignes par cet œuvre un ample témoignage
> De l'honneur nouveau-né qui déjà t'est acquis.
>
> Courage, heureux Callet, car si notre espérance
> N'est vaine, encor dois-tu des fruits, trop plus exquis,
> Non à la Marche seule, ains à toute la France.

Ces louanges, que l'on pourrait croire exagérées, ces fleurs poétiques que le temps a flétries, étaient alors l'accompagnement obligé des publications sévères qui, comme les Commentaires des Coutumes de la Marche, étaient appelées à servir de manuel aux juges et aux avocats. Nicolas Callet lui-même aime à orner son livre de vers d'Homère, d'Horace, de Juvénal et même de Ronsard. Veut-il, par exemple, rap-

---

(1) A. Canel. *Recherches sur les jeux d'esprit, les singularités et les bizarreries littéraires.* Evreux, Pierre Huet, 1867, t. I, p. 70 et suiv.

peler que « la vraye noblesse ne doit prendre son appuy du sang, ains de la vertu » ? Il appelera à la rescousse du philosophe Sénèque le chef de la pléiade, Ronsard, alors dans tout l'éclat de sa gloire :

> Les pères, les ayeuls, les sceptres et la masse
> Des monstrueux palais, qui s'eslèvent si haut
> Ne sont pas la noblesse où la vertu défaut :
> C'est la seule vertu qui donne la noblesse,
> Ceste vertu qui est la royne et la princesse
> De toute chose née, et à laquelle on doit
> Venir, en travaillant, par le chemin estroit.

Callet, d'ailleurs, comme Joachim du Chalard, était un esprit hardi qui ne craignait pas de s'écarter des idées communes et, par exemple, de défendre les droits de la femme et ceux de l'enfant :

« Ce n'est pas nouveau que les femmes s'employent aux traffiques et commerces, car Platon les faict capables des offices virils, et n'estime mal séant au sexe féminin d'aller en guerre pour la défense de la patrie, en cas de nécessité... Car aux histoires anciennes beaucoup de femmes ont esté eslevées au théâtre d'honneur et couronnées par leurs vertus, au rang desquelles on peut mettre Manie, femme de Zénius, laquelle a esté estimée digne de l'Empire (1), et Amalassunte, mère d'Atalaric, Roy des Goths, laquelle a esté tant favorisée de nature, que la prudence et la vaillance débatoient en elle qui emporteroit le prix, et Theopene, tant exaltée par Tite Live, qui aima mieux mourir avec ses enfans que souffrir faire bresche aux murailles de sa chasteté ; et plusieurs autres, la renommée desquelles sera toujours verdoyante comme un laurier et n'y aura siècles ni longueur d'ans qui la puissent faire flétrir. »

Il en fut de même pour la question des enfants naturels, dont nous avons dit un mot plus haut. Le « Vieil Costumier de la Marche », mentionné dans le Procès-verbal de rédaction

---

(1) Xénophon *Rerum Grœcarum*, lib. V.

de la Coutume en 1521 (1), posait ce principe que les bâtards ne succèdent jamais à leur père, mais qu'ils peuvent succéder à leur mère, pourvu qu'ils ne soient pas adultérins ou nés *ex damnato coitu* et que leur mère n'ait pas d'enfants naturels et légitimes. Il s'éleva là-dessus un grand débat. Les clercs voulaient que l'article fût purement et simplement supprimé. Mais les commissaires du roi, trouvant cette exclusion inhumaine, firent adopter la rédaction suivante pour l'article 220 : « Bastards ne succèdent point à père ne à mère. Néanmoins, si la mère, pour le nourrir et alimenter, luy fait donation dedans les termes de la Coustume, qu'est la tierce partie de tous ses biens par testament, telle donation est bonne et valable. »

Nicolas Callet ajoute ce remarquable commentaire : La Coutume en permettant à la mère, à l'égard des enfants naturels ce qu'elle dénie au père, semble barbare et inhumaine, car la nature les reconnaît. « Le père qui dénie alimens à son fils naturel est censé le tuer ; et, par disposition du droict canon, le père peut donner quelque chose à ceux mesmes qui sont naiz de putains publiques et illicite assemblement.... Et de faict, il appert, par le procès-verbal, que Messieurs les commissaires ne vouloient confirmer cest article, comme rigoureux. Toutes fois, à la suggestion des gens d'Eglise, ils l'accordèrent de cette façon, parce qu'ils disoient que la Coustume estoit inductive de péché. Je désirerois bien que la fornication, par toutes voyes et moyens, fusse bannie et chassée de nostre République (1). Mais la peine ne doit suivir les en-

---

(1) Lacrocq, avocat. *La rédaction de la Coutume de la Marche* (Mémoires de la Société des sciences naturelles et archéologiques de la Creuse, t. I, 2e série, p. 315-316).

(2) Le nom de République, pour désigner l'Etat, venait naturellement aux lèvres des lettrés de la Renaissance, nourris de la *République* de Cicéron. Nicolas Callet, en particulier, avait dû lire, pendant son séjour en Italie, le *Discours sur la première Décade de Tite-Live*, dans lequel il avait pu apprendre combien il y a de sortes de Républiques, à savoir : l'aristocratique, la démocratique et l'oligarchique. Il s'est d'ailleurs inspiré de l'exemple de Joachim du Chalard, de Bodin, de Pasquier, de l'Hospital.

fans. Les pères et auteurs devoient plustost estre punis, comme jadis Solon avoit ordonné, en ostant à tels pères droict et puissance paternelle, et dispensant les enfans de les nourrir en nécessité, ne leur donnant autre guerdon que le plaisir et volupté, *cujus tantum fuerant solliciti.* Cette grande rigueur engendre quelquefois une mer de maux qui se déborde sur la province, car se voyant desnuez de tous moyens, ils se licentient de faire beaucoup d'actes pernicieux, tellement que je ne douteray de dire avec le poète :

Dum vitant stulti vitia in contraria currunt.

» Les ecclésiastiques, pour couper la racine de ce péché, qu'ils disoient pulluler à cause des biens qui pouvoient parvenir aux bastards, et pour bon exemple, se devoient euxmesmes les premiers retrancher. »

Nicolas Callet, comme on le voit, quoique nourri dans le respect du droit romain, du droit écrit, n'hésitait pas à placer au-dessus de ses maximes les principes du droit naturel et du droit social et, pour mieux dire, du droit chrétien dont le droit canonique, dédaigné des légistes, nous a conservé la forte empreinte.

Il ne s'est pas montré moins bon citoyen dans le commentaire qu'il a joint au préambule de la publication des « Coustumes vénérables du hault pays du Comté de la Marche, accordéés ès présence de Roger Barme, président, et Nicolas Brachet, conseiller du roi en sa court du Parlement; commissaires en ceste partie, faicte en la ville de Guéret, présens à ce en grand nombre plusicurs des gens d'Eglise, nobles, practiciens et bourgeois, le 22ᵉ jour du moys d'avril mil cinq cens vingt et un, après Pasques, et autres jours en ensuyvant, les lettres patentes du Roy, notre dit Seigneur. »

Il termine son commentaire sur le Préambule par cet éloge de sa ville natale :

« Garactum est caput omnium urbium et oppidorum provinciæ, ita illis, cùm ubertate, cœli clementiâ, fontium limpidissimorum amœnitate, tectorum magnificentiâ, sylvarum saltuumque latissimorum dominio, tum hominum virtute et honoribus jam ab antiquo illustrium, togatorum et adolescentum ingenio fœcundo et literis exculto præditorum copiâ facile procellit. »

Une vue de Guéret, au temps de Charles IX, n'est pas chose à dédaigner, surtout faite par un Guérétois. La fertilité du sol, la douceur du climat, la limpidité des eaux, le voisinage des forêts sont des agréments que nous sommes à même d'apprécier. Mais est-il vrai que la magnificence des habitations, la valeur et la dignité des citoyens qui, depuis longtemps et en grand nombre, s'étaient illustrés et avaient été élevés aux honneurs qu'ils s'étaient acquis par l'emploi de leur talent et par la culture des lettres, assurait dès cette époque à Guéret une supériorité sur les autres villes de la Marche ? Cette question mériterait d'être examinée (1). Je crois, toutefois, qu'il est possible de reconnaître, tout au moins, qu'à cette époque, avant les guerres de religion, cette petite province et Guéret, en particulier, était plus riche en hommes remarquables qu'on ne serait peut-être porté à le supposer.

III

Dans son excellente notice sur l'enlumineur Evrard d'Espinques, notre regretté confrère, Louis Guibert, faisait remarquer que la province de la Marche n'a pas été féconde en artistes. Evrard d'Espinques, du moins, peut à bon droit, comme M. Guibert l'a établi lui-même, être compté au nombre des enfants d'adoption de cette province qui lui ont fait le plus d'honneur et qui ont fait souche dans ce pays. Les libéralités dont il fut l'objet de la part du duc de Nemours, lors de son mariage avec une héritière des environs de Gué-

---

(1) Sur les vieilles maisons de Guéret, v. article de MM. Bonnafoux et Fillioux, *Bulletin de la Société des sciences naturelles de la Creuse*, t. I, 204 ; t. III, 347. — Sur l'hôtel des Monneyroux, *ibid.*, t. VIII, 392, art. de M. F. Autorde et Compte rendu du Congrès archéologique et des Assises scientifiques de Guéret : 1866, p. 52, art. de M. Bosvieux.

ret, Gabrielle de Montbas, sont la preuve de la haute estime dans la quelle il était tenu par ce prince, ami éclairé des arts. L'inventaire des papiers concernant la commune d'Ahun, publié par M. Mazet, mentionne une liasse qui fait voir qu'en 1540 Evrard était conseiller au Parlement. Dans le même siècle, Simon Evrard, notaire à Ahun, qui épousa, entre 1525 et 1530, Gilberte de Marcillat, est l'auteur d'une Chronique dont il a été fait deux éditions, dont la dernière, due à M. l'abbé A. Leclerc, a paru dans les *Archives du Limousin* en 1892 (1). Ce petit-fils de l'enlumineur des livres du duc de Nemours a même laissé des vers qui, malheureusement, ne rappellent que de très loin ceux du chef de la Pléiade, mais qui prouvent du moins qu'il cherchait à l'imiter.

L'existence de relieurs ambulants qui allaient exercer leur industrie au domicile de leurs clients, notamment au château de Sainte-Feyre, près Guéret, où fut exécutée, au commencement du xvi⁰ siècle, une de ces reliures si fréquentes à cette époque, en veau brun, avec filets gaufrés, figurant des compartiments, suppose un goût raffiné pour la conservation des livres (2). Les ouvrages de sculpture, d'orfèvrerie, d'émaillerie, les boiseries, les tapisseries qui datent de cette époque témoignent évidemment d'une culture artistique remarquable. C'est ce qu'ont mis en lumière les Notices publiées par MM. Filloux, Pierre et Jean de Cessac, Autorde, Mazet, Pérathon et Mozer, dans les *Bulletins de la Société des sciences naturelles et archéologiques de la Creuse.*

Un publiciste qui mérite de prendre place à côté de Guy Coquille, de Bodin, Joachim du Chalard, avocat au Grand

---

(1) Contribution à l'histoire d'Ahun : *Bulletin de la Société des sciences naturelles de la Creuse*, t. VII, p. 370.

(2) Plumitif d'audience de la sénéchaussée de la Marche, document publié et annoté par M. Antoine Thomas, avec citation de l'introduction préparée par notre confrère Bosvieux (*Bulletin de la Société des sciences naturelles de la Creuse*, t. VII, p. 20).

Conseil, né d'une famille distinguée (1), avait lui-même dénoncé au roi, avec une extrême vigueur, l'ignorance du haut clergé au milieu du xvi⁰ siècle. Ce jugement sévère est exprimé dans sa *Sommaire exposition des ordonnances du roy Charles IX sur les plaintes des Trois Etats dé son royaume, tenus à Orléans, l'an 1560*, qui fut plusieurs fois réimprimée à Paris et à Lyon. « Par faveur, amitiez et argent, dit du Chalard, les idiots et ignorans asniers tenoient et possédoient les gros bénéfices et grandes prelatures. » L'ordonnance de Charles IX, à la suite des Etats de 1560, déclare, en effet (§ 48, art. 4), que « les curez et autres agens chargés d'âmes seront de bonne vie et littérature ». Ce qui semble indiquer que, de ce côté, il y avait alors des réformes à faire, c'est que Charles IX, en 1566, prit des mesures sévères même à l'égard des gradués, pourvus de diplômes des Universités, en ordonnant qu'ils seraient tenus de subir un nouvel examen.

Les registres des insinuations ecclésiastiques de l'évêché de Limoges nous présentent la situation du clergé, au milieu du xvi⁰ siècle, sous un jour plus favorable. « Par le moyen de ces registres, dit Joseph Nadault, on se met au faict de toutes les maisons de condition du diocèse ; il n'en est presque aucune qui, depuis 1554, n'ait fourni quelques ecclésiastiques, quelques-unes des évêques, abbés et abbesses. Et ce détail conduit souvent à tirer de l'obscurité des personnages que leur piété et leur érudition ont rendus recommandables : Jean Malhechaud, théologal de la cathédrale de Limoges ;

---

(1) Je lui ai consacré une notice sous ce titre : *Un jurisconsulte républicain au seizième siècle, Joachim du Chalard, de la Souterraine, et les Etats-Généraux de 1560*. Paris, A. Aubry, 1871, in-12.

En 1549, Jean du Chalard était syndic de la communauté des prêtres de La Souterraine.

Un autre Jean du Chalard fut lieutenant particulier et avocat criminel en la sénéchaussée de la Basse-Marche, au siège du Dorat, de 1624 à 1640 (*Bull. de la Soc. des sciences nat. et arch. de la Creuse*, t. VII, p. 177 ; et Archives de la Creuse, E. 911).

Jean de Maumont, Pierre de Besse, tous trois célèbres docteurs en Sorbonne et quantité d'autres. »

A Limoges, deux prébendes préceptorales, destinées à assurer l'instruction des clercs, étaient annexées à la cathédrale. L'une d'elles fut affectée spécialement, en 1549, à la psallette, c'est-à-dire à l'école du chant. L'autre fut unie au collège de Limoges en 1561. On ne peut que louer ces dispositions. En 1546, la vicairie perpétuelle du Grand-Bourg-de-Salagnat fut unie à la sous-chantrerie de la cathédrale, et celle-ci fut érigée après celle du chantre. L'abbé de Bénévent, chanoine prébendé, avait rang avant tous les autres chanoines du côté droit (1).

Comme le diocèse de Limoges était très vaste (862 paroisses, sans les succursales, d'après Jean Nadault), on avait établi quatre officiaux pour l'exercice de la juridiction ecclésiastique, l'un à Limoges, un autre à Brive et deux pour la Haute et Basse-Marche et pour le pays de Combraille, le premier à Guéret (2), le second à Chénerailles.

Pour le maintien de la discipline dans le clergé, l'évêque avait également multiplié les archiprêtres et les archidiacres. D'après les statuts synodaux de 1533, les archiprêtres devaient assister en personne aux synodes, y laisser les listes des curés qui avaient comparu ou non et de ceux qui résidaient ou non. S'ils étaient empêchés de venir pour cause majeure, ils devaient envoyer un prêtre « savant et honnête, dit J. Nadault, pour présenter leurs excuses et celles des cu-

---

(1) *Pouillé historique du diocèse de Limoges*, publié par l'abbé Leclerc dans le t. LIII du *Bull. de la Soc. arch. et hist. du Limousin.*

(2) La charge d'official de Guéret dont fut pourvu Guillaume Leidier, « pour récompense des signalez services qu'il avoit rendus à l'évêché de Limoges, pour le recouvrement de ses biens alienez et possédés par ceux de la R. P. P. », donna lieu, vers 1630, à un grand procès. Guillaume Leidier fut destitué par l'évêque François de La Fayette, à la suite d'une accusation reconnue calomnieuse par arrêt, et François Tacquenet fut pourvu de sa charge. L'affaire fut portée à Paris. Le célèbre jurisconsulte Julien Brodeau plaida pour Me Tacquenet. Par arrêt du 1er juillet 1632, la Cour appointa les

rés absents (1) ». Les archidiacres avaient pour mission l'inspection des églises ; ils connaissaient des plaintes, rendaient des sentences et faisaient des ordonnances exécutoires. Sous l'épiscopat de Jean Barton, né à Guéret en 1417, un grave conflit se produisit entre l'évêque et les chanoines de la cathédrale, au sujet de l'archidiaconé de Bénévent.

Il paraît que, peu après le milieu du xve siècle, tous les archidiacres furent supprimés. Cependant, après la mort de Jean Rogier, jadis archidiacre de Bénévent, qui, depuis longtemps, avait cessé ses fonctions, quelques chanoines conférèrent cet office à Jean Bayard, clerc. L'évêque et le chapitre, par acte du 1er mars 1473, contenant révocation de tous les archidiacres, firent appel de cette collation. Mais, par un autre acte du 28 octobre suivant, l'évêque conféra l'archidiaconé de Bénévent à Pierre Garron. Une bulle fulminée le 27 juin 1477 annula définitivement tous les archidiaconés à perpétuité. Bayard plaida longtemps aux requêtes du palais pour revendiquer la dignité dont il avait été revêtu, mais il ne paraît pas qu'il y ait réussi.

Malgré le relâchement de la discipline qui dut être la conséquence de la suppression des archidiacres, la Marche compta encore, même au xvie siècle, un bon nombre d'hom-

---

parties au Conseil et cependant ordonna que le dernier pourvu exercerait la charge d'official contentieux. — Cet arrêt, cité par Brodeau lui-même, est analysé dans le *Recueil d'arrests du Parlement de Paris*, par Bardet. Paris, Besoigne, 1690, t. II, p. 83-86.

Louis Tacquenet, mort en 1662, succéda à François Tacquenet dans les fonctions d'official et de prieur de Guéret, devenues héréditaires dans cette noble et ancienne famille, dit le président Chorllon (*Mémoires du président Chorllon*, p. 33, 34).

(1) Les archiprêtres, outre le droit de visite, prétendaient avoir la moitié des fruits et émoluments provenant du décès des curés et des prêtres de leur archiprêtré. Nous pouvons en citer un exemple emprunté à la Marche. En 1469, l'archiprêtre d'Anzème réclamait la succession du curé d'Anzème, mort intestat. L'évêque alors exigea tous ses biens meubles (*Bull. de la Soc. hist. du Limousin*, t. LIII, p. 26).

mes remarquables, particulièrement dans le clergé régulier. Je dois me borner à en citer seulement quelques-uns :

Foucaud de Bonneval, abbé de Bénévent, fut successivement évêque de Limoges, de Soissons et de Périgueux ; il mourut en 1540.

En 1533, François Jaille, professeur de théologie, était abbé de Notre-Dame-du-Palais.

En 1545, Jean de Rebinges, bachelier en théologie, était abbé de Pré-Benoit.

Claude Durand, né à Felletin vers 1530, docteur de Sorbonne, fut un des fondateurs du collège de sa ville natale.

Le cardinal René de Prie, d'abord juge ordinaire de l'officialité, puis évêque de Limoges, et ensuite évêque de Bayeux, assista au Concile de Pise, où il soutint énergiquement les intérêts de la France.

Le cardinal Pierre du Chastel, aumônier et lecteur du roi, fut prévôt de Saint-Pierre-d'Evaux et y fit son entrée solennelle en 1548. On sait qu'il fut un des fondateurs du Collège royal ou Collège de France. Son successeur, Bernard de Ruthye, fut également aumônier de France, et Menault de La Corre, qui prit possession de la prévôté d'Evaux (1) en 1556, fut maître de chapelle ou chapelain de la musique du roi sous Henri III.

La science et la pratique du droit paraissent avoir été particulièrement en honneur dans la Marche. Les assemblées préliminaires et les discussions auxquelles donna lieu la rédaction des Coutumes de cette province, contribuèrent à y faire naître ou à y développer le goût de ce genre d'études. Le séjour que Charles Dumoulin fit à Guéret, en 1562 et en 1564, pour consulter le manuscrit original des « Coustumes vénérables du hault pays et Comté de la Marche », en vue d'en donner une édition accompagnée de savants commentaires, dut nécessairement réveiller une heureuse émulation parmi les jurisconsultes de la région. Parmi eux on distingue Nico-

---

(1) P. de Cessac. *Liste des Prévôts du monastère d'Evaux.*

las Callet, Michel Nigon et Jean Tacquenet, de Guéret ; Pardoux Duprat (1), auteur de la *Jurisprudentia vetus* et de la *Jurisprudentia media*, né à Aubusson vers 1520, et Roland Betolaud, né à La Souterraine en 1537. Ce dernier se piquait, en outre, d'un goût assez vif pour la poésie. Il dédia une de ses élégies à son oncle, Jean Bétolaud, médecin ; il adressa d'autres pièces de vers à Barton de Montbas, à Jean Maumond, à Siméon Descoutures, président du Présidial de Limoges, à la fois bon jurisconsulte et poète.

Si la naissance de Philippe Quinault à Felletin est une date à retrancher des annales littéraires de la Marche, le contingent d'écrivains et de savants qu'elle a produits au xvie siècle est suffisant pour la consoler de la ruine d'une légende que M. Monnet a vainement essayé de relever. *L'Inventaire général des richesses d'art de la France* (Province, Monuments civils, T. IV, Statues historiques, Paris : Plon-Nourrit, 1911), vient de résumer le débat en accompagnant la description de la Fontaine Quinault d'un commentaire nécessaire, qu'il peut être intéressant de reproduire *in extenso*. Les éléments de cette notice furent en partie recueillis par le préfet de la Creuse, en juin 1883. Elle est due à la plume autorisée de M. Henri Jouin :

« Le monument élevé sous le nom de « Fontaine-Quinault » est dû à l'initiative de la ville de Felletin, qui en a couvert les frais. Il a été inauguré le 11 janvier 1852. L'Etat a fourni le buste (2). C'est Léon Faucher, ministre de l'Intérieur, qui, accueillant la demande de la municipalité, offrit cet ouvrage. Une tradition erronée, mais très en honneur dans la Creuse, indiquait Felletin comme lieu de nais-

---

(1) Sur Pardoux Duprat. Aubusson et la rue du Prat, à Guéret. V. *Esquisses Marchoises*, p. 136-242, et *Mém. de la Soc. des Sciences nat. et arch. de la Creuse*, t. XVII, p. 258-259.

(2) Ce buste est l'œuvre de Jean-Jules Samson. Il est supporté par une colonne en pierre de forme hexagonale qui domine la « Fontaine Guinault ». Le dessin de la fontaine et de la colonne sont dus à M. Jean Tissier, architecte à Felletin.

sance de Quinault. Auguste Jal s'aperçut de l'erreur des Felletinois (1) et en avertit le docteur Léonard, maire de Felletin. Celui-ci ne se laissa pas convaincre. Il répondit à Jal que Quinault était « en enfant de Felletin ». Un échange de lettres eut lieu en 1853. Jal répliqua par l'envoi des extraits des actes de naissance, de mariage et de décès de Philippe Quinault. Le maire de Felletin vint alors lui-même vérifier sur les registres de l'état civil de Paris les mentions que Jal lui-même avait communiquées. Il lui fallut se rendre à l'évidence et reconnaître que l'erreur des Felletinois était complète. Mais la « Fontaine Quinault » ne reçut aucune atteinte de cette découverte, et le buste du poète lyrique n'a cessé d'être l'ornement principal de la cité. »

Philippe Tournyol, que je ne vois même pas mentionné dans le *Grand Dictionnaire historique et généalogique de la Haute-Marche*, publié en 1894, est un nom qui me semble pouvoir prendre place à la suite de ceux de Nicolas Callet et de ses amis.

Le 21 décembre 1598, deux marchands de Guéret, Pardoux et Antoine Fourcat, constituèrent à Philippe Tournyol, avocat du roi au pays de la Marche, et à Etienne Tournyol, marchand, une rente de 50 livres pour la somme de 600 livres. Cet acte fut fait en la maison de Pardoux Tournyol aîné, marchand à Guéret. Mais ce Philippe Tournyol, avocat du roi à Guéret, est-il le même que le Philippe Tournyol, Guérétois, que nous trouvons quelques années plus tard établi à Paris, avec le simple titre d'avocat, et fort au courant de la vie parisienne, dont nous avons à nous occuper ? Il était déjà connu dans la capitale vers cette époque, car, par la faveur d'un des fils de Philippe Hurault, comte de Chiverny, mentionné plus haut, il avait obtenu, dès 1603, un privilège pour l'impression d'un recueil en vers et en prose dont voici le titre : *Les destinées des amans, tirées des Amours de Philotimore, par*

---

(1) Voir Jal (Auguste). *Dictionnaire critique de biographie et d'histoire,* p. 1027.

Philippe Tournyol, Guérétois, Paris, chez Claude de La Tour, au Mont-Sainct-Hilaire, rue des Sept-Voyes, vis-à-vis de la Diligence. — In-12, 95 f. plus l'Epître.

C'est un roman en prose précédé d'une « Epistre à très hault et très puissant seigneur Henri Hurault, comte de Chiverny, baron de Gallardon, seigneur d'Esclimont et de Bretancourt, gouverneur et lieutenant-général pour le Roy à Chartres, pays Chartrain, Blaisois, Vendosmois, Amboise, Dunois et Loudunois (1). »

L'auteur y déclare que « les accidents et malheurs qui proviennent maintenant des amours lascifs d'autrefois ont servy de modèle à ce traité amoureux. »

Il m'a paru d'autant plus utile de signaler ce petit ouvrage que l'abbé Goujet, le seul bibliographe, croyons-nous, qui ait consacré une notice à Philippe Tournyol (2), ne paraît pas en avoir eu connaissance. C'est d'ailleurs depuis peu d'années que la Bibliothèque en possède un exemplaire. (Bibliothèque nationale, Y 2, 543 14 (2). Cependant, Lenglet du Fresnoy, chose à noter, l'a cité dans sa *Bibliothèque des romans* (3).

Voici la notice consacrée à Philippe Tournyol par l'abbé Goujet :

« Tous nos écrivains qui ont parlé des poètes françois ont assigné à Bertaut une place sur le Parnasse ; mais je n'en vois aucune pour trois autres poètes du même temps, dont je vais vous dire un mot : Philippe Tournyol, Guillaume du Sable et Jean Deplanches.

» Philippe Tournyol étoit avocat en la Cour. J'ai vu de lui

---

(1) Inventaire sommaire des Archives départementales. Creuse, E. 1054.

(2) Voici la notice consacrée à Philippe Tournyol par l'abbé Goujet : Il était fils de Philippe Hurault, comte de Chiverny, chancelier de France, auquel Nicolas Callet avait dédié ses Commentaires sur les coutumes de la Marche. Il mourut le 1er mars 1648, âgé de 73 ans.

(3) *Bibliothèque française*, t. XIV, p. 163, 166.

l'*Entretien de l'amour, où sont contenues les diverses humeurs des amans*, et le *Manage* (1) *des Dames*. Ce livre a paru en 1611, dédié à Louis Hurault, comte de Limours, vicomte du Tremblay et gentilhomme ordinaire de la Chambre du roi (2). C'est un recueil de sottises amoureuses divisé en deux livres. Dans le premier, ce ne sont que des stances. Le second a, de plus, quelques sonnets. Le cinquante-deuxième de ceux-ci est sur les « Hymnes faicts sur saint Jean-Baptiste par Mme Duvert ». La manière dont le poète s'y exprime porte à croire qu'il étoit amoureux de cette dame.

» Le *Manage des Dames*, qui forme comme la seconde partie de ce recueil, consiste dans un nombre de stances où il n'est question que des tours que le poète prête aux femmes pour se faire aimer ou pour amuser ceux qui leur témoignent de l'amour. Notre avocat paraît savant en cette matière.

» Tout ce que sa petite collection offre de sérieux est une longue ode sur les *Triomphes de Henri IV*, suivie d'un sonnet au même. Dans le privilège obtenu dès le 28 mai 1603 pour l'impression de ce chétif ouvrage, on accorde en même temps la permission à Tournyol de faire imprimer ses *Desti-*

---

(1) *Manage, manaige,* pour manège. « Le poète Tourniol, sous le titre de *Menage des Dames,* dit La Curne de Sainte-Palaye, décrit les différents tours des femmes coquettes. » (Dictionnaire historique de l'ancien langage, t. VII, p. 255.)

(2) Louis Hurault, quatrième fils de Philippe Hurault, comte de Chiverny, chancelier de France. Il avait d'abord été pourvu de la charge de trésorier général de la reine de Navarre, première femme de Henri IV. Cependant, le 17 avril 1603, le Conseil d'Etat accorde au tuteur de Louis Hurault, baron d'Huriel, main-levée d'une somme de 6.000 écus, due par le duc et la duchesse de Mercœur au feu chancelier, mort en 1593, et ce à la requête de M. Pierre Maupeou, sieur du Monceau (*Arrêts du Conseil d'Etat,* n°s 1076 et 7657). Il fut plus tard nommé bailli et capitaine de Chartres. Il épousa Isabelle d'Escoubleau, fille de François d'Escoubleau, marquis de Sourdis et d'Alluye, qui donna, en 1620, la cloche de l'église des Molières au diocèse de Paris. Louis Hurault, qui lui survécut et qui vivait encore en 1639, mourut sans postérité (F. de Guilhermy. *Inscriptions de la France,* t. I, p. 466-468, t. I, p. 427).

nées des Amans, tirées des Amours de Philotimore, où sont contenues plusieurs notables histoires de ce temps. Quel emploi pour un avocat ! Je ne connois point ce dernier écrit. C'est un roman en prose. L'abbé Lenglet le cite, page 41 du tome II de sa *Bibliothèque des romans*, et dit qu'il parut en 1603.

» Guillaume du Sable étoit beaucoup plus raisonnable que l'avocat Tournyol, quoique gentilhomme de la vénerie du Roi. »

Le jugement porté par l'abbé Goujet sur l'auteur des *Destinées des Amans* et sur l'*Entretien de l'Amour* est un peu sévère. Les vers à Mme de Sainte-Colombe (folio 172), qu'on trouve à la suite de ceux qui lui inspirèrent les « Hymnes faicts sur sainct Jean-Baptiste par Mme du Vert » (folio 170), ne me semblent pas si mauvais, quoique écrits dans le ton mignard alors à la mode :

> Guindez icy vos corps, douces colombellettes,
> Sous l'aile d'un doux vent, pour baisotter les fleurs,
> Et du corail sacré de vos bouches douillettes,
> De ma sainte colombe animer les coulleurs.

Mais il faut se rappeler que l'abbé Goujet était imbu de l'esprit janséniste. Ph. Tournyol, d'ailleurs, dut, au xviiie siècle, partager le sort des poètes de l'âge antérieur à Malherbe qui, comme dit Boileau, « réduisit la muse aux règles du devoir », François Tristan de l'Hermite de Souliers, de l'Académie française, auteur du roman du *Page disgracié* — sa propre histoire — de la tragédie de la *Marianne* (1), et de la comédie du *Parasite* (2), fut, lui aussi, compté au nombre des vain-

---

(1) Je trouve un témoignage de la vogue qu'eut longtemps cette tragédie de *Marianne* dans la commande faite par François-Louis Martin, négociant à Guéret, à Jean Bellot, marchand tapissier à Aubusson, de huit pièces de tapisserie représentant l'Histoire de la Marianne, en 1648 (Arch. de la Creuse, E. 1195). En 1650, je relève une commande de huit pièces de tapisserie représentant l'histoire de Marc-Antoine et de Cléopâtre, faite à la fabrique d'Aubusson (E. 1196).

(2) V. Notice sur Tristan l'Hermite et le Parasite, dans *Les Con-*

cus. J'ai rappelé moi-même son épitaphe, beaucoup plus sin-
cère que la plupart de celles qui s'étalent sur des tombes fas-
tueuses, et l'épigramme rapportée par Furetière, écrivain
anti-académique, lui aussi, dans laquelle il est fait allusion à
la misère de Tristan, qui, père adoptif de Philippe Quinault,
en lui léguant son esprit, comme Elie à son disciple Elysée,
ne put, comme lui, y joindre le don de son manteau, attendu
qu'il n'en avait pas.

L'épitaphe que Ph. Quinault avait composée pour mettre
sur le lieu de sa sépulture, dans l'église Saint-Louis à Paris,
vaut la peine d'être ici rapportée :

> Passant, arrête ici pour prier un moment,
> C'est ce que des vivants les morts peuvent attendre.
>> Quand tu seras au monument
>> On aura soin de te le rendre (1).

Voici maintenant que j'ai à rapprocher du groupe littéraire
formé par Callet, Auzanet, Pardoux du Prat et du Chalard, un
inconnu qui se recommande à l'attention des bibliophiles
par l'ex-libris écrit de sa main, placé en tête de l'exemplaire
des Commentaires sur la Coutume de la Marche, par Callet,
que j'ai pris pour point de départ de cette excursion à tra-
vers l'histoire littéraire de la Marche au xvi⁰ siècle. Le premier propriétaire de cet exemplaire paraît avoir été François
Midre, notaire royal à Ahun, décédé le 20 septembre 1630,
et voici l'ex-libris dont il l'orna :

> Je suis et veulx bien estre
> Au soubsigné mon maistre ;
> A luy, car je suis sien,
> Qui me trouvera me rende ;
> Raison le veult, Dieu le commende :
> Au bien d'aultruy nous n'avons rien.

Faict Ahun (sic), le 13ᵉ janvier 1593.   MIDRE.

---

*temporains de Molière, Recueil de comédies rares ou peu connues,
jouées de 1650 à 1680*, par Victor Fournel, p. 1-67. Immédiatement
après Tristan l'Hermite vient Philippe Quinault (p. 69-103).

(1) GERMAIN BRICE. *Nouvelle description de la ville de Paris.*
Paris, J. M., Gandouin, 1723, in-12, t. II, p. 355.

A la fin du volume a été ajouté un cahier, dont le premier feuillet a malheureusement disparu, mais dont voici le titre : *Généalogie cy incluse des Midre* (1).

. . . .

« Gabrielle Midre (2), leur aultre filhe, nasquit le pénultiesme jour d'avril 1605, sur le matin. Son parrin, Pierre Roussetton (3), son oncle, et marrine Gabrielle Besse (4), sa tante, et fust baptizée le dimanche ensuyvant que j'allast, par dévotion, à Nostre-Dame du Puis, en Auvergne. *Midre.*

« François Midre le jeune, leur aultre fils, nasquit le dimanche, jour des Rogations, unziesme jour de may mil six cens et huict, à l'issue de vespres, fust baptizé le dict jour, à grand haste, craignant la brieyvetté de sa vye, occazion qu'il a esté promis à Dieu de l'eslever et mettre homme d'église. Que ainsy soit par la saincte grâce de Dieu. Fust parrin Françoys Roussetton, mon filhieu, et Françoyse Lamy, sa marryne et tante.(5).

---

(1) En 1598, Jean Moreau, François Midre et Joachim Roudeau, prenant en mains pour Jean Rouchon, donnèrent quittance à Jean Rougier, procureur, et à Pierre Rougier, marchand, en vertu d'arrêt du Parlement portant condamnation de la personne de Gilbert Berthet, qu'ils s'étaient chargés d'amener et de faire juger (Arch. de la Creuse, E. 936). En 1639, noble Sylvain Midre était lieutenant, assesseur criminel en la châtellenie d'Ahun. Il fut ensuite nommé conseiller au Présidial de Guéret (E. 658). Il eut pour fils Pierre Midre qui, après avoir été avocat au Parlement, fut à son tour conseiller au Présidial de Guéret. En 1648, il était consul de cette ville. Etant mort dans l'exercice de cette charge, il fut inhumé dans le chœur de l'église paroissiale (*Bull. de la Société des sc. nat. et arch. de la Creuse*, t. X, p. 206).

(2) Gabrielle Midre fut mariée en 1653 à Jean Rougier, sieur de Beaumont, dont naquit François Rougier. Elle mourut en 1660. Jean Rougier épousa en secondes noces Sylvaine Rousseton (E. 936).

(3) En 1640, François Rousseton, filleul de Midre, était notaire royal et procureur en la châtellenie d'Ahun (E. 942).

(4) (V. E. 72-84). En 1577, Gilles Besse était un des consuls d'Ahun (*Chartes communales de la Creuse*, p. 34).

(5) Cette famille est fort ancienne, puisque dans les titres de l'abbaye de Bonlieu, carton 15, on trouve un jugement, rendu le

» Décédé le XXᵉ du dict moys de may 1608, à jour clos. Fust sépulturé à l'églize.

» Gilles Midre, leur aultre filz, nasquit le dernier jour de juilhet mil six cens neuf, jour Saint-Marcial, environ midy. Fust baptizé le dimanche emprès. Furent ses parrin et marrine Jean Lamy, le jeune, son oncle maternel, et Claude Boulay, femme de Léonard Rousseau (1), couzine par alliance du dict Rousseau, couzin germain du père du dict Gilles Midre.

» Décédé le dimanche, à jour clos. Fust sépulturé le lendemain lundy, IIIIᵉ juilhet 1611, dans la dicte églize, aux monuments entiens.

» Le lundi XXIᵉ may 1612, au point du jour, nasquit Silvain Midre, aultre fils des dicts Midre et Lamy, et fust baptizé le jeudy ensuyvant, XXIIIIᵉ du dict moys. Fust son parrin Jehan Cuzinet le jeune, son oncle, et marrine Catherine Midre, sa tante. Ceste année fust le Bissexte (2).

---

25 novembre 1437, aux assises de la sénéchaussée de la Marche, tenues à Ahun par Pierre Lamy, bachelier en décrets, lieutenant de noble homme Bertrand de Saint-Avit, écuyer, seigneur dudit lieu, sénéchal de la Marche.

En 1562, le 24 août, déguerpissement fut fait par François Lamy, à Jean Mérigot, d'héritages tenus en serve condition, sous la châtellenie d'Ahun (E. 640). En 1572, Jean Tarde et Antoine Lamy, prêtres, firent déclaration des droits féodaux et des droits de justice appartenant au châtelain de Chantemilan (E. 641).

(1) Sur la famille Rousseau, V. E. 939.

(2) Les préjugés relatifs au *bissexte*, fondés sur les opinions des anciens, ont persisté jusqu'au xviiᵉ siècle. On croyait d'abord que les saisons revenaient les mêmes tous les quatre ans et ensuite que les années bissextiles et les *bissextes* étaient des époques funestes. C'est sans doute sur ce fondement qu'au xvᵉ siècle les curés de l'archiprêtré de Lubersac refusaient la *livrée* dite *parata* pour le droit de visite des archiprêtres. En 1493, l'archiprêtre signala le fait au chapitre de la cathédrale de Limoges. On lui répondit qu'on s'informerait des coutumes suivies dans les autres archiprêtrés et qu'on statuerait ensuite sur sa réclamation (*Pouillé historique du diocèse de Limoges*, p. 27). Baptista Spagnuoli, connu en France sous le nom de Mantuan, auquel Frédéric de Gonzague, marquis de Man-

» Décédé le vendredy, second jour du mois d'aoust 1630, à
9 heures du matin, et fust sépulturé à 6 heures du soir, à
Saincte-Ambroise (1), à Bourges, dans la dicte église, à deux
pas du benoistier.

» Midre.

» Le vendredy vingtiesme septembre mil six cens trente,
à une heure après minuict, décéda mon père, Me François
Midre, notaire royal, et fust sépulturé dans l'église d'Ahun, le
samedy vingt uniesme du dict moys, jour de Sainct-Mathieu,
environ midy.

» J. Midre, presbtre.

» Le jeudi diziesme de février mil six centz trente et neuf,
à quatre heures après midy, décéda ma mère, dame Marguerite Lamy, en son vivant femme de feu Maistre François Midre, notaire royal, et fust inhumée le lendemain vendredy,

---

toue, fit élever une statue de marbre couronnée de laurier, tout au-
près de celle de Virgile, et dont les œuvres furent imprimées à Paris
en trois volumes in-folio en 1513, et ensuite à Anvers, en 1576, n'a
pas manqué de donner une ample description des funestes effets
du bissexte, dans ses Fastes. On peut la lire dans l'*Encyclopédie mé-
thodique : Antiquités, Mythologie*, t. I, au mot Bissextile.

Le président Chorllon lui-même, était fortement imbu des
croyances des anciens sur les influences des astres. Il note dans ses
Mémoires (p. 23) que, d'après les astrologues, l'éclipse de 1665 pré-
sageait de grands maux. La comète de 1681, « observée par les savants et curieux en astrologie et autres, qui s'efforcèrent à qui
mieux mieux à « cognoistre et deviner sa cause, effetz et ce qu'elle
pronostique et signifie ». (*Ibid.* 190.)

(1) Saint-Ambroise était une des seize paroisses de Bourges (La
Martinière, *Le Grand Dictionnaire géographique, historique et critique*). Bourges, on le sait, possédait un important collège tenu par
les Jésuites et une université célèbre. C'est là que F.-B.-Alexis Chorl
lon, auteur des *Mémoires*, publiés en 1886 par M. F. Autorde, sur
la copie préparée et annotée par moi, d'après le manuscrit autogra-
phe dont j'avais dû la communication à l'extrême obligeance de M.
Lassare, représentant de la Creuse à l'Assemblée nationale de 1848,
avait terminé ses études.

unziesme du dict moys et an, comme dessus, entre unze heures et midy, dans l'église d'Ahun, prest l'autel de Sainct-Paul.

» J. MIDRE, *presbtre.*

» Nota que la feste du corps de Dieu fust la vigile de Sainct Jean-Baptiste festée, ceste mêmc année 1631. »

Ces feuillets représentent un fragment important d'un de ces Livres de raison ou registres de famille limousins et marchois, dont plusieurs recueils ont été publiés par M. Louis Guibert, avec le concours de MM. Leroux, Jean de Cessac et A. Leclerc, à la librairie Paul Ducourtieux.

Le même exemplaire contient deux notes manuscrites relatives à des décisions prises par le Présidial de Guéret et par le Parlement de Paris, sur deux articles des Coutumes de la Marche :

Article 219 : « Fille appanée ou douée et fiancée, ou mariée, elle et ses descendans sont privez et ne peut venir à succession de père et de mère, ayeul, ayeulle, frères, seurs, ne autres successions directes ou collatérales dedans les termes de représentation, tant que des dicts père et ayeul et hoirs masles ou descendans de masles, soit le descendant masle ou fumeau héritant es dites successions ; mais ès successions collatérales, hors les termes de représentation, elle succédera avec les dicts masles ou descendans d'eux et n'a lieu la dicte privation. »

Voici la note ajoutée à cet article :

« Il a esté décidé, par sentence rendue en ce siège, le 2 juillet 1734, au rapport de M. Chorllon, conseiller (1), qu'un cousin germain, fils d'un frère, ne peut succéder au préjudice d'une tante représentant son frère, quoyque appanée par père et mère. »

---

(1) Fils de J.-B.-Alexis Chorllon de Cherdemont, président au Présidial de Guéret, né à Guéret le 25 mars 1634, auteur des Mémoires pour servir à l'histoire de la Marche, 1635-1685.

L'article 390 des Coutumes de la Marche donna lieu, en 1736, à un arrêt du Parlement rapporté en ces termes dans une note écrite à la fin de notre exemplaire :

« Le dix-neuf juin 1736, cette coutume fut portée en la Grand Chambre du Parlement de Paris, pour la décision d'un procès pendant en icelle entre Me Louis Pichon de Bury, conseiller au Présidial de la Marche (1), et dame Anne Midre, son épouse, intimé, contre Anne Robert, veuve Jean Niort (2), appelante, au rapport de M. Pinon de Quincy (3), conseiller au Parlement, président M. de Maupeou (4) :

« Sçavoir si, au préjudice d'un appel, mesme d'un arrêt

---

(1) Louis Pichon de Bury eut un autre procès contre Marguerite Bouéry, veuve de François de Biencourt, chevalier, seigneur de la Fortilesse et de Peyrat, qui se termina, en 1750, par une transaction entre François de Biencourt, fils du précédent, agissant au nom de sa mère (E. 816).

(2) En 1728, Silvain Niort, marchand, était en procès contre Anne Robert, veuve de Jean Niort (E. 724).

(3) La famille de Pinon s'est illustrée dans les emplois administratifs et dans la magistrature. Anne Pinon, maître des requêtes, intendant à Alençon de décembre 1690 à avril 1702, intendant de Bourgogne de juin 1705 à mars 1710. En 1717, il fit bâtir à Paris, de ses deniers et de ceux de Louise Le Gendre, son épouse, suivant les plans de J.-B. Le Roux, architecte, une maison, à l'encoignure des rues Saint-Antoine et Culture-Sainte-Catherine, et fit placer dans les fondations une plaque de cuivre à ses armes : « d'azur, au chevron d'or, accompagné de trois pommes de pin de même » Cette maison dut être démolie en 1856, pour la prolongation de la rue de Rivoli. La plaque de cuivre, déposée au musée de Cluny, y est conservée sous le n° 3656 (F. de Guilhermy. *Inscriptions de la France*, n° CCCCXCVII, t. 11, p. 65).

En 1724, Pinon d'Avor était maître des requêtes en quartier. Il habitait quai Malaquais, près l'hôtel de Conti. A la même date, M. Pinon, conseiller à la troisième chambre des enquêtes, habitait rue Saint-Anastase, au Marais. Anne-Louis Pinon, reçu conseiller le 13 janvier 1745, habitait rue Culture-Sainte-Catherine.

(4) René-Charles de Maupeou, né à Paris en 1688, nommé en 1717 président à mortier, vice-chancelier en 1763, chancelier en 1768, démissionnaire en faveur de son fils le lendemain de sa nomination.

de deffenses sur requeste non communiquée, obtenu par lad. Robert, les intimez pourroient poursuivre leur saisye réelle commencée jusqu'au quart péremptoire ou criée inclusivement.

» L'article 3go de cette présente coustume en a faict la décizion, et dans le Coustumier général, c'est l'art. 3g3. Cette affaire fit beaucoup de difficultés ; néantmoins, arrest intervint qui a confirmé la saisye réelle commencée, avec amendes et despens, l'affaire ayant esté préalablement veüe de commissaire, le 17 du mesme moys de juin.

» Nota qu'il ne faut poursuivre la saisye réelle jusqu'au quart péremptoire seullement quand il y a appel ou arrest de deffenses.

« Le sieur Pichon de Bury estoit à Paris à la poursuite de cette affaire. »

www.ingramcontent.com/pod-product-compliance
Lightning Source LLC
Chambersburg PA
CBHW051347050726

47595CB00006B/2442